(Extrait de la *Revue Germanique*.)

IMPRIMERIE DE V DONDEY-DUPRÉ,
Rue Saint-Louis, N 46, au Marais.

A propos de l'ouvrage de M. Camille Paganel
*Député : — Essai sur l'établissement monarchique
de Napoléon*

Me promenant un jour aux Tuileries avec
M. *Barrère*, je m'appliquais à ranimer dans le vieillard octogénaire le redoutable *rapporteur du Comité
de salut public*, dans l'espoir d'obtenir des récits
que je ne pouvais manquer de recueillir comme un
sérieux enseignement.

Plusieurs mots caractéristiques échappèrent à la
naïveté républicaine du vieux conventionnel.

— Vous aimez ce jardin ? disais-je.

— Oui, me répondit-il, le soleil m'y est bon ; puis, faisant une grimace : Quel dommage que ce château là-bas me fasse une ombre !

— Puisqu'il vous déplaisait si fort, que ne l'abattiez-vous, lorsque vous en aviez le pouvoir, au lieu de vous y loger ?

—Ah! oui, je vous entends bien, c'est que dans ce temps-là nous avions beaucoup de gens qui aimaient la république, mais-nous manquions de républicains.

Désirant surprendre , dans l'intelligence encore animée de M. Barrère, une de ces opinions faciles à ceux qui ont eu le maniement des affaires, et qui, en peu de mots, analysent une époque, un système :

— Que pensez-vous, lui dis-je en tournant court sur mon idée , que pensez-vous de *Mirabeau* et de *Napoléon ?*

— Je pense que Mirabeau, avec sa main de plomb, a enfoncé la porte de bronze des révolutions, et que Napoléon, avec sa main de fer, l'a refermée.

M. Barrère, à défaut de l'à-propos du génie, eut, dans la question, le génie de l'à-propos. Pour expliquer *l'homme*, il le prit dans le fait le plus imposant de sa puissante existence : pittoresque,

sans cesser d'être profond; si, dans sa brève défini-
tion, il associa le fer au nom de Napoléon, ce ne fut
pas le glaive, qui n'est beau que rouge, et devient
rouille, à moins qu'il ne se brise en un jour de
Waterloo. Représenter *Bonaparte* fermant la porte
des révolutions, c'était poser l'idée principe du
livre de M. Camille Paganel : *Essai sur l'établissement monarchique de Napoléon.*

Certes, il était impossible de choisir un titre qui
pût mieux aider à simplifier l'attitude gigantesque
d'une époque et d'un homme. Au premier aspect,
ce titre éblouit les conceptions analytiques, les em-
barrasse; après examen, il les fortifie, les enhardit;
et bientôt on s'aperçoit qu'il peut devenir la base
d'un résumé lumineux, où les choses, les idées, les
hommes que Napoléon a fait jaillir de sa volonté,
sur lesquels ensuite il a mis la main, trouveront
leur classement, leur explication.

« Vouloir beaucoup et beaucoup faire, » c'était
la tâche de l'homme qui recevait de son génie le
mandat de fermer la porte d'une révolution. Pour
y réussir, il fallait une main de fer, et pour oser
adosser ensuite contre cette porte refermée un établissement monarchique, il ne fallait rien moins
que l'incontestable autorité d'un glaive. Napoléon

dut s'appuyer sur la garde de son sabre lorsqu'il signa, le lendemain de la saturnale politique du 18 brumaire, la constitution de l'an VIII. De ce moment date son établissement monarchique. Pourquoi cet établissement n'a-t-il pas toujours conservé sa première forme? elle fut digne de tout éloge. Qu'importe la dénomination du type, lorsque la physionomie gouvernementale respire sur tous ses traits l'ordre, la force intelligente, la liberté légale et la clémence?

Bonaparte, au 25 prairial 1800 (14 juin), jour de Marengo, était encore le plus grand homme qu'ait produit le monde civilisé. Certain jour de Pâques, il descendit du faîte, en s'avançant vers le maître-autel de Notre-Dame pour y jurer le *concordat*.

Il était hardi, sans doute, de faire de ce vieux clergé un des ressorts du gouvernement nouveau; il était habile d'y intéresser les consciences faibles et dévotieuses; mais ce qui pouvait paraître aux masses inintelligentes une garantie de stabilité servait bien réellement à révéler une des dangereuses exigences d'un établissement *purement* monarchique.

Napoléon était de taille à relever en sa personne, par l'éclat de la gloire qui lui était propre, le prestige éteint d'un monarque ; mais en harmoniant sa monarchie avec l'organisme des monarchies détruites, il reprenait *à la section de la tête* le formulaire ancien ; il continuait ce que l'on avait écarté et puni ; son empire, édifié d'après des traditions déconsidérées, jeune encore, se vieillissait par l'imitation, et perdait de sa vitalité en effaçant le caractère de ses élémens populaires. Ceci devient surtout applicable à l'établissement de Napoléon, date du 3o mars 1806, jour de l'accaparement des couronnes et des grands-duchés, de la création des grands fiefs et des petites noblesses.

Toute chose composée d'anomalies est chose périssable avant le temps ; les contraires ne forment jamais un tout rationnel et solide : Napoléon, enfant d'une révolution, fils du peuple et grand bénéficiaire des travaux intellectuels du dix-huitième siècle, mentit à son origine en appelant le pape à la sanction de ses droits, s'isola en s'environnant de feudataires, et décomposa sa force réelle en l'organisant avec des moyens despotiques. Plus tard, lorsque chancela, déjà vermoulu plutôt qu'écrasé par le canon de l'ennemi, le trône de Napoléon, on reconnut que tous ces nobles qu'il avait semés sur son estrade étaient autant de vers qui l'avaient rongé. L'absence du principe révolutionnaire, la présence privilégiée des nobles dans les affaires, facilitèrent l'invasion de l'ennemi... Un prêtre et un noble ont renversé Napoléon.

Clément XIV vit torturer son agonie par ceux, du moins, qu'il avait chassés ; Napoléon fut chassé par ceux qu'il avait appelés, et ce furent ceux-là qui se chargèrent des tortures de son agonie politique.

Sévère et puissant enseignement à l'usage des princes qui renient leur origine ! Déduction terrible de ce conseil donné par *le livre de la sagesse :* « *ne trop vouloir ne trop faire,*» et aussi, déplorable affirmative de la réflexion de Burke : « ASSEZ *est dans toutes les langues le mot le plus difficile à bien interpréter en matière politique.* »

Si Napoléon, précipitant ses actes, les efforts de son ambition, les caprices de sa puissance, passa vite du *simple* au *compliqué* (selon l'expression de Bonin), une fois sorti par la défaite des inextricables difficultés de sa position, une fois mis par la mort à la portée de l'histoire, il reparaît *simple* et *unitaire* devant l'investigation de l'annaliste.

On croyait, *de son temps*, que son organisme gouvernemental était une complication de rouages mystérieux et multiples ; que son vaste front, siége de tant de grandes pensées, que son regard plein de rayons, que sa physionomie si changeante, que sa volonté surhumaine, seraient inaccessibles à l'analyse, et que le grand homme, ainsi que tout prédestiné, resterait inexplicable dans ses œuvres et dans sa vie. *Quidquid divinum intelligere est nefas*.

On se trompait alors. Pas une existence qu'il soit plus facile d'analyser : Hauts faits, erreurs, triomphes, revers, travaux de la pensée et de l'homme d'état, travaux de l'épée et de la gloire, tout, en Napoléon, est placé dans la lumière ; mais c'est la lumière humaine; elle est accessible à l'œil humain.

De toutes les opérations de l'esprit de nature à résulter de l'examen de Napoléon, un essai sur son établissement monarchique était certainement le travail qui dût offrir le plus de netteté, qui dût se remarquer par la forme la moins problématique et la plus officielle.

Une intelligence vive et sagace, douée des facultés de l'ordre et de la distribution, capable de justesse dans la citation et de lucidité dans le laconisme même de son appréciation, ne pouvait manquer de réussir dans l'accomplissement de ce travail.

M. Paganel, exercé au maniement des affaires

par les emplois qu'il remplit avec distinction, a suivi avec bonheur la marche politique, militaire et gouvernementale de Napoléon : toutes ses citations sont les corollaires du système impérial; elles justifient de son mouvement ascensionnel; elles constatent l'inévitable de sa chute. Après avoir étudié cette intelligente nomenclature des actes publics de Napoléon, on sait l'empire : c'est une science qu'il n'appartiendra à aucune époque politique de méconnaître et de dédaigner.

J'ai entendu bien des opinions contraires sur le livre de M. Camille Paganel. Beaucoup de gens s'imaginent qu'il est impossible d'analyser Napoléon, sans élancer sa pensée dans les rayons de sa gloire, sans l'égarer dans la poussière et dans la fumée de ses batailles ; je ne suis pas de cet avis. Je regarde, au contraire, comme un témoignage de haute raison d'avoir expliqué l'éclat de ce titre , *Essai sur l'établissement monarchique de Napoléon*, par une œuvre simple , méthodique , rationnelle , toute d'analyse et reproduisant un texte gouvernemental.

Un esprit insoucieux du but d'utilité que doit se proposer tout homme public, tout publiciste, n'aurait pas manqué d'envisager le développement de ce titre sous un point de vue idéologique : M. Paganel a fait mieux.

Son livre atteste une grande probité politique, le sentiment raisonné de l'amour de la liberté, la connaissance positive des faits et des hommes. Son style est clair, facile, quelquefois brillanté par des expressions qui *sonnent la fanfare* — ainsi disait Andrieux; — mais on est indulgent pour cette phraséologie *symphonique,* lorsqu'on ne la voit formuler que des pensées patriotiques et généreuses.

Bien long-temps encore Napoléon fera veiller des écrivains sur sa tombe ; chacun d'eux voudra se résumer par une sentence :

Napoléon citoyen fut un grand homme ; Napoléon empereur ne fut plus qu'un roi ; le citoyen créa, le roi ne fut qu'imitateur ; mais la pire des imitations est celle qui travestit son type : Napoléon s'était souvenu de *Charlemagne,* il aurait dû compléter son souvenir, et, comme Mably le dit du fils de Pépin, *être attentif à respecter la liberté, dans la vue d'intéresser sa nation libre aux grandes choses qu'il méditait.*

Cependant quoi qu'inspire la philosophie de l'histoire contre ce Napoléon liberticide, contre ce roi parvenu, avec ses feudataires, ses nobles, ses costumes et ses chambellans,—par son génie, sa gloire et ses malheurs, il sera toujours un éternel objet de vénération.

Vous allez à Athènes, respectez les dieux, disait Pline; l'Europe dira dans tous les temps : « Vous allez en France, respectez (1) la mémoire de Napoléon. »

Hippolyte BONNELLIER.

Sceaux-Penthièvre.
1836.

---

(1) C'est ce respect qui devait mieux inspirer le jeune Louis Bonaparte, mieux éclairer son jugement, et l'empêcher de rentrer en France pour y susciter—si faire se pouvait—le parjure et la révolte.

Noble France, bon Dieu! tu en serais réduite à devenir la proie d'une révolution de caserne! *quatre hommes et un caporal* suffiraient pour changer les destinées! — *Dix sous par tête* à qui abattra la monarchie de Juillet! Et c'est un Bonaparte, un neveu de Napoléon qui imagine un tel *dix-huit brumaire!* Un enfant inconnu, vêtu d'un uniforme *d'autrefois*, aurait crié à la ville de Paris, à l'heure de son réveil : *Je suis ton empereur!*

Les titres d'hérédité au trône de l'empereur sont ensevelis dans sa tombe... Les Bonaparte vivans doivent aux mânes du grand homme une amende expiatoire pour avoir prostitué son nom dans une échauffourée ridicule... pour avoir fait courber son glorieux souvenir devant un pardon.

La clémence qui protégea Louis Bonaparte fut digne, intelligente et généreuse; mais ce qui suffit au salut d'un obscur coupable, suffit aussi pour refouler à jamais dans le néant de sa réalité l'éphémère héritier de Napoléon.

La France outragée s'en souvient encore, de la désertion de Paris (1814) et du voyage à Blois !

LA
COMÉDIE AU VILLAGE.

(Extrait du journal l'*Impartial.*)

LA

COMÉDIE AU VILLAGE.

C'est à Châtenay, banlieue de Paris, à Châtenay, village silencieux, propre et joli, près de Sceaux-Penthièvre, qu'hier j'ai vu jouer la comédie par les petites filles d'une école.

Je vous le dis en vérité, j'ai l'ame toute contristée par ce spectacle.

Non que l'immolation de la grammaire et de l'art par ces bouches enfantines ait affligé ma susceptibilité d'artiste, mon pédantisme d'aligneur de mots.

Dieu me préserve de leur garder rancune, à ces pauvres petites, pour le galimatias de leur langage, la gaucherie de leur maintien, et leur ignorance scénique! Chers enfans, faites souffrir la grammaire et méconnaissez l'art, si vous ne devez développer votre entendement et acquérir de la science que sur les planches d'un théâtre.

Oui, je vous l'assure, c'était bien triste de voir ces toutes petites bonnes femmes réciter tout au long, sans broncher, avec une imperturbable mémoire, indice d'une précocité sans estime, les tirades d'une mère-abbesse hypocrite, d'une novice rebelle, d'une grande dame esprit-fort et frondeur, d'arlequin soldat et amoureux, d'un intrigant imbécille et citadin... que sais-je encore? tant de personnages pour quatre pièces! quatre actes à apprendre, à *répéter*!... Nos comédiens exercés consumeraient à cela quatre semaines : c'est leur profession ; mais les petits enfans, heureux êtres qui n'ont de comptes sérieux à rendre de l'emploi de leur temps qu'à l'avenir, dont ils sont insoucieux, pourquoi leur pervertir l'emploi de ce temps par un exercice aussi étrange ?

Pourquoi la comédie, par des petites filles qui vivent au village, destinées à abriter leur vie honnête et laborieuse sous le toit d'un vigneron, d'un cultivateur ou d'un jardinier ?.. dignes gens, comme ils le sont tous à Châtenay, gens essentiellement utiles, et dont la première ambition doit être de perpétuer dans leurs enfans la simplicité de leurs vertus domestiques et leur amour du sol.

Et si vous eussiez remarqué, comme moi, avec quelle ardeur ces jeunes têtes précipitaient leurs idées en dehors du cercle de leur condition !

J'en étais épouvanté, je vous l'assure ; car tout est série et gradation dans la nature : une idée, une fois introduite dans une intelligence, y acquiert sa croissance et s'y prépare un avenir ; et, remarquant ces girandoles, ces chaînes d'or, ces dentelles, ces soieries d'emprunt, qui paraient les petites comédiennes, je me disais qu'un jour peut-être, tout impressionnées par le souvenir et par le sentiment du contraste, elles songeraient aux moyens de porter ces jolies choses... fût-ce en jouant la comédie.

Et cette foule qui était là, riant de son gros rire. applaudissant avec ses puissantes mains, remplissant les entr'actes du grondement de ses grosses voix, elle irritait l'animation de ces petites filles ; elle leur faisait savourer le bonheur le plus empoisonné, celui de la vanité ! Ce bonheur-là prend date : elles se souviendront d'avoir été applaudies ; et lorsque, le front orné du simple voile blanc, elles marcheront, pénitentes de la confrérie de la Vierge, sous la blanche bannière, ne regretteront-elles pas leurs oripeaux de théâtre, ou ne penseront-elles pas, profanes, à représenter une *scène*, en accomplissant l'œuvre des solennités saintes ?

Jeunes filles , aimez et vénérez les fêtes de la Vierge : cette femme est la plus suave , la plus touchante création dont puisse s'enrichir un culte.

Tous les systèmes d'éducation écrits par les moralistes recommandent la prudence dans le choix des jouets destinés à l'enfance , car ces jouets expriment des passions : Achille enfant demandait des armes..... Et vous, maîtresse d'école de Châtenay, vous donnez pour jouets à vos écolières des robes de Colombine, des robes de nonnes, des habits de soldat et un crucifix !

Une maxime imposante protége la chasteté de l'enfance contre les mauvaises paroles et les dangereux spectacles :

Maxima debetur puero reverentia.

criait Juvénal, voyant son siècle corrompu laisser courir l'enfance aux spectacles et aux gémonies. Le

Christ avait dit : « Laissez venir à moi les petits enfans ; » et Juvénal, son contemporain, entrait sans le savoir dans l'esprit du sublime réformateur, en réformant par une exclamation sublime la *morale* de Moïse qui, pour en finir avec une race pourrie, en massacrait tous les hommes.

Moins coupable peut-être est cette atroce épuration, que n'est cruelle la négligence qui laisse la corruption pénétrer dans le cœur des enfans.

Bâcon a dit : « La moralité de ceux qui obéissent se proportionne à la dignité de ceux qui leur commandent ; » et vous, maîtresse d'école de Châtenay, placée en ce village pour y donner vos soins à la culture des plantes les plus précieuses et les plus fragiles, vous qui avez mission pour servir de modèle à ces chères petites filles, vous venez immodestement, *actrice* vous-même devant vos écolières, leurs pères, leurs mères, leurs parens, leurs voisins, les garçons du village, devant une foule, témoigner de la nature de l'exemple qu'il vous convient de donner !

Je hais les *officiers de mœurs*, ainsi que l'abbé de Saint-Pierre appelait certaines gens ; mais au cœur de tout homme honnête vient une indignation généreuse, lorsqu'il reconnaît un fait participant à la désorganisation du corps social.

Qu'importe que le point de départ de ma pensée soit Arlequin, Colombine, de petites nonnes et de petits baillis !

Je monte plus haut :

> ... Parva licet componere magnis.

Notre société pousse un cri de détresse, parce qu'elle ressent les angoisses de la dissolution : elle s'épouvante, voyant l'immunité accordée à toute réussite, voyant l'effronterie de l'agiot, le sang-froid de la banqueroute, la perfidie des méchans et des calomniateurs ; elle a peur enfin de cette lèpre d'égoïsme et d'athéisme qui lui couvre le corps et infecte son ame.... elle recule devant le ruisseau de sang de tant de suicides... et demande à Dieu une inspiration qui la régénère.

L'inspiration partira d'en-bas. Le christianisme est sorti d'une étable.

Portez le flambeau des sciences usuelles, de la saine morale et des lois au sein des familles pauvres, ou que leur condition voue au travail journalier ; faites une législation qui donne au souffreteux une idée morale, du pain et un manteau ; élevez bien les petits enfans de l'artisan et du villageois ; prouvez-leur que l'exercice des droits du citoyen a pour principe l'estime de la condition native ; et comme la sève qui se forme dans les ténèbres du sol, se développe dans les racines de l'arbre, monte insensiblement à sa tige, et, fluide généreux, s'élance dans ses rameaux les plus élevés, de même partiront, des points infimes de la société, les vertus de la régénération.

Mais pour cela, n'élevez pas un faux plancher portant de fausses coulisses ; ne convoquez pas la foule pour lui montrer, à la lueur de vos lampes obscurcies par la poussière , ce que vous avez de plus beau et de plus cher au monde, villageois, vos enfans, si frais sous le rayon du soleil, si gentils lorsqu'ils sont accroupis dans le sillon du champ ou près de l'âtre de la famille.

Eh ! sans doute, que leur intelligence soit éclairée ; mais que pour pratiquer l'honneur, ils apprennent la vérité et non la comédie.

On a fait un théâtre d'éducation?

Autre temps, autre mœurs : Madame de Genlis ne serait point chargée aujourd'hui de l'éducation des princes... et d'ailleurs il est douteux qu'elle eût jamais songé à instruire au parlage et aux coquetteries de la scène les petites filles de l'école d'un village.

Vous le savez bien, villageois, ce luxe que le désœuvrement de la paix, que l'avidité de l'industrie et l'orgueil des castes a jeté dans la société, dont il est devenu la plaie, il vous tourmente aussi.

Quand vient le moment où la nubilité pâlit les visages de vos jeunes filles, l'impatience vous agite ; car c'est à grand'peine si vous obtenez d'elles une assistance pour ces bons et gros travaux qui font votre gloire et votre richesse : elles craignent d'endommager leurs mains, d'élargir leur taille, d'arrondir leurs pieds ; et, pour se vêtir, elles épuisent votre épargne ; pour la soie et la robe de ville, elles quittent le justaucorps et le jupon court, qui les rendaient accortes et jolies : elles auront beau faire, les orgueilleuses, avec leurs chaînes d'or tombant sur leur poitrine, elles ne seront jamais si parées que le furent leurs mères, portant au cou le ruban de velours noir et la croix à la Jeannette.

Croyez-moi, bons habitans de Châtenay, ne vous faites pas à vous-mêmes l'injure imméritée de laisser croire que, pour recueillir des préceptes de vertus, vos enfans aient besoin d'un théâtre. Toute bonne serait la pièce, que je lui préfère encore votre exemple.

Surtout, n'enviez pas au riche ses plaisirs et ses

fêtes ! Tristes plaisirs qui les condamnent , ces ri-
ches, à venir *se refaire* (la trivialité du mot leur
appartient) au soleil de votre village et dans les so-
litudes de vos rians paysages.

Et vous, petits enfans, petites filles, ne l'oubliez
pas , le *Colin-Maillard* vaut mieux que la comédie.
Chantez, dansez aux chansons, puisque l'âge ne
vous permet pas la grande contredanse avec vos
grandes sœurs , au son du violon, l'orchestre du
village ; et avant l'heure indue où l'on vous faisait
bégayer des drames , mettez-vous à genoux , faites
votre prière ; puis couchez-vous... et le bon Dieu
vous bénira.

Hippolyte **BONNELLIER.**

www.ingramcontent.com/pod-product-compliance
Lightning Source LLC
LaVergne TN
LVHW011028050726
842519LV00004B/1276